Dieses Buch gehört:

Sei lieb zu diesem Buch!

5 4 3 2 1

ISBN 3-8157-3563-7

Printed in China
www.coppenrath.de

Das Weihnachtspony

Erzählt von Kai Haferkamp
Mit Illustrationen von Ute Thönissen

COPPENRATH

Auf einem Bauernhof weit, weit draußen vor der Stadt lebte ein kleines Pony. Das Pony war sehr traurig, denn die anderen Pferde, die zusammen mit ihm auf dem Bauernhof lebten, waren groß und hatten hellbraunes oder sogar weißes Fell, das im Sonnenschein seidig glänzte. Das Pony war dagegen bis auf einen blütenweißen Tupfer auf der Nase dunkelbraun, es hatte eine wilde Mähne und ein dichtes, zottiges Fell. Wenn die Kinder aus der Stadt zum Reiten auf den Bauernhof kamen, dann liefen die großen Pferde mit anmutigen, federnden Schritten elegant über den Platz, während das kleine Pony mit seinen kurzen Beinen nur mühsam hinterher trippelte. Und wenn der Bauer die Pferde auf die Koppel ließ, dann schauten die Menschen meist den großen Pferden beim Spielen zu und bewunderten ihre Kraft und ihre Ausdauer.
So kam es, dass sich das kleine dunkelbraune Pony furchtbar hässlich fühlte. Und weil es sich selbst so wenig leiden mochte, wollte es auch bald nichts mehr mit den Menschen und den großen Pferden zu tun haben. Es wurde so störrisch, dass kein Kind mehr auf ihm reiten mochte. Und auf der Weide stand es lieber für sich alleine, schaute den großen Pferden beim Herumtollen zu und hing seinen eigenen Gedanken nach.
„Wieso kann ich nicht einfach so sein wie die großen Pferde?“, fragte es sich immer wieder. „Warum muss gerade ich so klein und dunkelbraun sein? Warum kann ich nicht genauso groß sein und ein wunderschönes, feines weißes Fell haben? Wie schön mein Leben dann wäre ...“ Und das Pony träumte davon, dass es mit weißem seidigem Fell stolz über die Weide lief und beliebt bei den großen Pferden und den Menschen war.

Der Bauer merkte wohl, dass es seinem Pony nicht gut ging, und so kümmerte er sich besonders liebevoll um das kleine Pferd. Er gab ihm die schönste, größte und ruhigste Box im Stall, die in der hinteren Ecke und mit dem Fenster zur Weide – doch das Pony dachte, die großen Pferde wollten nichts mit ihm zu tun haben, weil es nun so alleine für sich stand. Der Bauer striegelte das Pony viel öfter und ausgiebiger als die großen Pferde – doch das Pony vermutete, dass auch der Bauer sein Fell unansehnlich fand, und ließ den Kopf traurig hängen. Es fraß immer weniger und schließlich dachte der Bauer sogar an eine schlimme Krankheit, doch der Tierarzt konnte glücklicherweise nichts feststellen.

So vergingen Sommer und Herbst. Es wurde von Tag zu Tag kälter und schließlich war es so kalt, dass die Pferde nachts im Stall am liebsten dicht aneinander gerückt wären um sich gegenseitig zu wärmen. Nur das kleine Pony stand gleichgültig und alleine in seiner Box und blickte hinaus.

Der Winter machte ihm nicht viel aus, denn sein dichtes Fell wärmte sehr gut. Aber tief in seinem Inneren fühlte es sich leer und kalt.

So kam schließlich die Weihnachtszeit. Große Schneeflocken hatten das Land in einen dicken weißen Mantel gehüllt, Hügel, Wiesen und Bäume versteckten sich unter einem glitzernden Überzug.

An Heiligabend putzte der Bauer den Stall blitzeblank. Über den Boxen befestigte er kleine Tannen- und Mistelzweige und bald war der Stall weihnachtlich geschmückt. Die Pferde bekamen an diesem Tag eine besonders große Portion frisches Heu, Hafer und einige rotbackige Äpfel. Während die Tiere genüsslich fraßen und schmatzten, wurde es langsam dunkler. Bald darauf waren alle großen Pferde im Stall zufrieden eingeschlafen.

Nur das kleine dunkelbraune Pony hatte sein Futter kaum angerührt und schaute gedankenverloren hinaus in die Abenddämmerung. Plötzlich hörte es ein merkwürdiges Rauschen und Klirren. Ein Klirren, das langsam lauter wurde und schließlich in ein Läuten, Klingen und Schellen überging. Einen so feinen und schönen Ton hatte das kleine Pony noch nie zuvor in seinem Leben gehört! Fast klang es wie ein Schlittengespann mit vielen Pferden – ein Schlitten, der lautlos über den Schnee hinwegzuschweben schien!
Ein fliegender Schlitten?
„Nein, so etwas gibt es doch nicht!“, dachte das Pony und schüttelte ärgerlich den Kopf. „Wie komme ich nur auf einen solchen Gedanken?“

Plötzlich sah das Pony aber über den Tannenwipfeln des nahen Waldes einen glitzernden Schlitten auftauchen, der geradewegs auf den Stall zuzuhalten schien. Der Schlitten flog tatsächlich! Wieder schüttelte das Pony den Kopf und kniff die Augen dabei fest zusammen. Träumte es etwa? Doch als es erneut zum Himmel sah, flog der Schlitten immer noch. Er war überaus prächtig anzusehen: mit goldenen Verzierungen an den Seiten, gezogen von sechs wunderschönen, dunkelbraunen Rentieren, deren Zaumzeug glänzte.

Der Schnee schien im Anblick dieses seltsamen Gespanns zu funkeln wie noch nie zuvor. Das kleine Pony drückte ungläubig seine weiße Nasenspitze an die kalte Scheibe des Stallfensters: Im Schlitten selbst türmten sich Säcke, gefüllt mit unzähligen bunten Päckchen und Paketen. Ganz vorn auf dem Kutschbock aber saß ein sehr, sehr alter Mann mit langem, weißem Bart und gütigem Gesicht, eingehüllt in einen dicken, leuchtend roten Mantel.

Das kleine Pony konnte den Blick nicht von dem sonderbaren Gespann abwenden und dachte: „Ob das der Weihnachtsmann ist? Das muss der Weihnachtsmann sein – der echte Weihnachtsmann! Es gibt ihn also wirklich, es kann nicht anders sein!“
Während das kleine Pony von diesem Anblick noch ganz verzaubert war, stoppte der Schlitten schon vor dem Bauernhof. Der alte Mann sprang behände vom Kutschbock und lief geradewegs auf den Stall zu. Das Pony hielt den Atem an, als die Stalltür langsam aufgeschoben wurde. Nervös blickte es zu den großen Pferden hinüber. Merkten sie denn nichts? Wie konnten sie in einem solchen Moment nur schlafen? Hatten sie denn die Glöckchen und Schellen am Schlitten nicht gehört?
Der Weihnachtsmann hielt einen Moment im Türrahmen inne und betrat dann mit leisen Schritten den Stall. Nachdenklich musterte er die schlafenden Pferde in den vorderen Boxen. Das kleine Pony stand in seiner Ecke und wagte nicht sich zu rühren. Was der Weihnachtsmann wohl hier bei ihnen im Stall wollte?
Plötzlich rief er mit tiefer Stimme: „Wacht auf! Eines meiner treuen Rentiere hat sich unterwegs ganz schrecklich erkältet und kann die Reise nicht fortsetzen! Es muss sich eine Weile ausruhen, doch mein Schlitten ist bis oben hin reich gefüllt und viel zu schwer, als dass ich auf eines meiner Tiere verzichten könnte. Kann nicht jemand die Stelle des Rentiers vor meinem Schlitten einnehmen?“
Aber so laut seine Stimme im Stall auch klang, die großen Pferde schienen ihn überhaupt nicht zu hören. Sie schliefen tief und fest weiter – und das kleine Pony gab noch immer keinen Laut von sich.

„Er sucht sicher ein großes, prächtiges Pferd für sein Gespann", dachte es. „Nun, von denen gibt es in unserem Stall ja genug. Soll er nur wählen unter all den stolzen Schimmeln und einen von ihnen aufwecken. Ich bin viel zu struppig und unscheinbar. Ich habe vor dem Weihnachtsschlitten nun wahrhaftig nichts zu suchen!"
Der Weihnachtsmann wanderte unterdessen weiter an den Boxen vorbei und schaute sich die darin schlafenden Pferde an. Doch zufrieden wirkte er nicht – eher im Gegenteil.

Das kleine Pony hielt vor Schreck den Atem an, als der Weihnachtsmann der letzten Box näher und näher kam. Er würde es doch nicht etwa sehen und ansprechen? Leise, ganz leise senkte das Pony seine dunkelbraune Nase so weit ins Stroh hinunter, dass der auffällige weiße Tupfer nicht mehr zu sehen war. Um keinen Preis der Welt wollte es vom Weihnachtsmann entdeckt werden!
Doch bevor er beim Pony angekommen war, blieb der Weihnachtsmann stehen. Traurig musterte er noch einmal die großen Pferde und schüttelte dann den Kopf. „Nein, ihr kommt leider alle nicht infrage. Was mache ich jetzt nur?“

Unschlüssig blickte er in die Ecke des Stalls, in der das Pony stand, doch er konnte es in der Dunkelheit nicht sehen. Schließlich zuckte er mit den Schultern und wandte sich wieder der Stalltür zu. Das kleine Pony atmete erleichtert auf und der Weihnachtsmann hätte es wohl auch niemals bemerkt, wenn ... ja, wenn nicht gerade in diesem Moment ein kleines graues Mäuschen durchs Stroh geflitzt und dem kleinen Pony mitten auf die samtweiche Nase gehüpft wäre. Wie das kitzelte! Das Pony schnaubte leise um ein Niesen zu unterdrücken. Vergeblich!

„Ha ... Haa ... HHHaaaatschiiiii!"

Das Pony musste noch einmal niesen, so laut, wie es noch niemals hatte niesen müssen:

„HHHHHHAAAAAAAATSCHIIIIIIIIIIIII!"

Der Weihnachtsmann blieb augenblicklich stehen und blickte prüfend im Dunkeln des Stalls umher: Die großen Pferde schliefen immer noch ungerührt in ihren Boxen und schienen von alldem nichts bemerkt zu haben.
„Wer war das?“, fragte der Weihnachtsmann mit lauter Stimme.
„I... I-Ich“, antwortete das kleine Pony ganz leise und zaghaft aus seiner Ecke und hielt ängstlich den Atem an.
Der Weihnachtsmann machte kehrt und wanderte zielstrebig in die Richtung, aus der er die Antwort bekommen hatte. Schließlich blieb er vor dem kleinen Pony stehen.
„Nanu, du bist aber ein hübsches kleines Pferd! Dich habe ich ja eben gar nicht gesehen. So braun bist du, dass du in der Dunkelheit gar nicht auffällst! Warum hast du denn vorhin keinen Ton gesagt? Willst du mir nicht helfen meinen Schlitten zu ziehen?“
„Ich ... wieso ich?“, fragte das Pony, fassungslos, dass der Weihnachtsmann auf so eine Idee gekommen war. „Aber ich bin doch viel zu klein und struppig und dunkelbraun ... Ich würde gar nicht vor deinen prächtigen Schlitten passen!“
Der Weihnachtsmann lächelte. „Ach, kleines Pony, wie kommst du denn bloß darauf? Sieh doch nur, wie schön du bist!“
Das Pony mochte kaum glauben, was es da hörte: Hatte er tatsächlich „wie schön du bist“ gesagt?
„Und vor meinen Schlitten passt du wunderbar: Schau, draußen wirbelt der Sturm Millionen weißer Schneeflocken wild umher, so dicht, dass selbst ich kaum die Hand vor Augen sehen kann.“ Das kleine Pony war sichtlich verwirrt. Worauf wollte der Weihnachtsmann nur hinaus?

„Stell dir vor, meine Rentiere hätten ein so feines und helles Fell wie die anderen Pferde hier im Stall. Was würde wohl in einem solchen Schneesturm passieren, von denen es doch gerade zur Weihnachtszeit eine ganze Menge auf Erden gibt?“
Der Weihnachtsmann schaute das kleine Pony herausfordernd an, ohne aber auf eine Antwort zu warten. Denn gleich fuhr er fort: „Nun, sie würden durch den eisigen Wind dort oben im Himmel ganz starr vor Kälte werden. Außerdem würden wir auf unserer Reise allesamt die Orientierung verlieren, weil man das helle Fell im Wirbel der weißen Schneeflocken überhaupt nicht erkennen könnte. Ich würde meine Rentiere nicht mehr sehen und – was noch viel schlimmer wäre – die Rentiere könnten ihr Leitrentier nicht mehr erkennen und wüssten gar nicht, wo sie eigentlich hinlaufen sollen. Am Ende würden wir uns fürchterlich im Schneegestöber verirren und die Kinder bekämen ihre Geschenke nicht pünktlich zu Weihnachten, sondern vielleicht erst zu Ostern ...“
Weihnachtsgeschenke zu Ostern? Das kleine Pony musste bei dieser Vorstellung zum ersten Mal seit langer Zeit wieder lachen! Glitzersterne und Christbaumkugeln in Osternestern? Schlittschuhe und Skier zwischen gelben Osterglocken? Nein, das ging doch nun wirklich nicht!
So beschloss es dem Weihnachtsmann zu helfen. Auch wenn es sich noch immer nicht recht vorstellen konnte, wie das aussehen würde: fünf große Weihnachtsrentiere und ein kleines, unscheinbares Pony – zusammen vor dem Weihnachtsschlitten ...!?
„Komm, wir haben keine Zeit zu verlieren!“ Der Weihnachtsmann mahnte zur Eile und führte das kleine Pony schnell zu seinem Schlitten, vor dem

die sechs Rentiere bereits ungeduldig mit ihren Hufen im Schnee scharrten. „Aber ... ich ... ich kann doch nicht fliegen, so wie die Rentiere vor deinem Schlitten", fiel dem Pony plötzlich ein. „Ich werde herabfallen wie ein Stein und mir wehtun! Eine Hilfe bin ich dir auf diese Weise ganz gewiss nicht ..." Seine Stimme war plötzlich erneut voller Zweifel. Am liebsten wäre es gleich wieder in den sicheren Stall zurückgelaufen. Worauf hatte es sich da bloß eingelassen?

„Mach dir keine Sorgen“, beruhigte der Weihnachtsmann das kleine Pony. „Warte nur ab, bis du das goldene Zaumzeug trägst, und sieh, was dann geschieht. Am Ende geht es wie von selbst und du wirst fliegen, so schnell und leicht, als hättest du nie etwas anderes getan!“
Mit diesen Worten spannte er das kranke Rentier aus und führte es in den Stall, gerade an die Stelle, wo zuvor noch das kleine Pony gestanden hatte. Er streichelte es zum Abschied noch einmal und sagte: „Ein bisschen Geduld nur, ruh dich aus, damit du wieder zu Kräften kommst und schnell gesund wirst. Ich hole dich ab, sobald alle Geschenke verteilt sind.“
Mit diesen Worten verließ er den Stall, zog die Tür fest hinter sich zu, warf eine rote Decke über den Rücken des kleinen Ponys und legte ihm schließlich das glänzende Zaumzeug an. Das kleine Pony staunte: Jeder Riemen war besetzt mit unzähligen kleinen goldenen Glöckchen, die bei jeder Bewegung jenen seltsamen wunderschönen Ton erklingen ließen, der die Kunde von der Ankunft des Weihnachtsmannes mit seinem Gespann auf Erden überall hintrug! Im Nu war das Pony prächtig geschmückt und auf seinem dunklen Fell glänzte das Zaumzeug noch einmal so schön. Schließlich sprang der Weihnachtsmann auf den Kutschbock, nahm die Zügel fest in die Hand und schnippte leise mit den Fingern.

Wie von Zauberhand bewegt, erhob sich der Schlitten zusammen mit den Rentieren in die Luft. Das Unglaublichste aber war: Auch das kleine Pony schwebte plötzlich schwerelos über der dicken weißen Schneedecke! Dann klatschte der Weihnachtsmann kurz in die Hände und auf wundersame Weise begann die abenteuerlichste Schlittenfahrt, die man sich nur vorstellen kann.

Huiiiiih – die Rentiere liefen so schnell, dass dem kleinen Pony die Schneeflocken nur so um die Nase wirbelten. Aber merkwürdigerweise hatte es keine Mühe bei diesem Tempo mitzuhalten und sein dichtes dunkelbraunes Fell wärmte es überdies so gut, dass ihm auch der schlimmste Schneesturm nichts anhaben konnte. Mit Klingen, Läuten und Schellen nahm die Reise ihren Lauf.

Immer höher stiegen sie, bis hinauf zu den ersten Wolken führte das Leitrentier das Gespann. Während der Schlitten durch die dunkle Nacht glitt, konnte das kleine Pony weit unter sich die hell erleuchteten Fenster der Häuser und Bauernhöfe nur noch wie kleine vereinzelte Streichhölzer erkennen, die in der Dunkelheit aufglimmen und wieder verlöschen.

Bald schon aber ging die Fahrt wieder hinunter zur Erde und das Pony sah ein kleines Dörfchen. Die Rentiere wussten genau, was sie zu tun hatten. Über jedem Haus, in dem ein Kind wohnte, hielten sie kurz an und der Weihnachtsmann verteilte die Geschenke unter den Tannenbäumen. Das Pony konnte sich die vielen frohen und vor Aufregung glühenden Kindergesichter bei der Bescherung lebhaft vorstellen.
Und weiter ging die Fahrt. Das Dörfchen verschwand unter ihnen in der Dunkelheit und lange Zeit konnte das Pony gar nichts mehr erkennen. Schließlich tauchten am Horizont Berge und mitten darin ein kleines Lichtlein auf, das schnell größer wurde. Zwischen tief verschneiten Bergspitzen lag weit oben auf einer versteckten Alm ein kleiner Bauernhof. Der Schornstein rauchte, die Fenster erstrahlten von warmem Kerzenlicht und im Hof stand eine große, bunt geschmückte und hell erleuchtete Tanne. Der Schlitten wurde langsamer und hielt über dem Dach des Hauses.
„Hier wohnt der kleine Peter", erklärte der Weihnachtsmann. „Schon zum Geburtstag hat er sich eine Modelleisenbahn gewünscht, aber dafür hat das Geld nicht gereicht. Und nun können wir ihm diesen Wunsch zu Weihnachten erfüllen."
Der Weihnachtsmann verschwand unter dem Schlitten und das Pony hätte zu gerne gesehen, wie er es nun tatsächlich anstellte, das Päckchen unbemerkt ins Haus zu bringen und unter den Baum zu legen, aber so sehr es den Hals auch reckte und streckte, es konnte den Weihnachtsmann nicht sehen. Das ist auch sicher besser so: Denn wenn wir über den Weihnachtsmann alles ganz genau wüssten, dann wäre doch zu viel von dem Zauber, der ihn umgibt, für immer verloren – und das wäre doch schade, oder?

So schnell, wie der Weihnachtsmann verschwunden war, war er auch schon wieder da, und weiter ging die Fahrt. Wenig später kamen sie zu einem weiteren Haus, das ganz allein für sich auf einer kleinen Lichtung mitten in einem großen Wald stand.

„Nun müssen wir besonders leise sein“, flüsterte der Weihnachtsmann. „Hier wohnt nämlich Anna. Sie ist krank und liegt im Bett und wir wollen sie ja nicht wecken. Schließlich soll sie schnell wieder gesund werden.“

„Und was hat Anna sich gewünscht?“, fragte das kleine Pony neugierig. „Eine Puppe mit lustigen Sommersprossen und langem, rotem Haar“, antwortete der Weihnachtsmann – und schon zauberte er die Puppe aus einem der Säcke hervor.

„Da wird sich Anna aber freuen“, dachte das Pony und war mit einem Mal furchtbar stolz – schließlich war es durch seine Hilfe erst möglich geworden, dass der Weihnachtsmann heute Nacht hier sein konnte. „Ob sie wohl bald wieder gesund wird?“, überlegte das Pony.

„Das wird sie ganz bestimmt“, sagte der Weihnachtsmann, als hätte er die Gedanken des Ponys hören können. Er saß schon wieder auf dem Kutschbock und trieb zur Weiterfahrt an. „Ich habe ihr ein kleines Fläschchen besonders geheimer Weihnachtsmedizin ans Bett gestellt. Morgen früh ist sie wieder munter und kann mit ihrer neuen Puppe spielen.“

Das Pony schwieg beeindruckt und galoppierte weiter. Unter ihnen tauchte nun eine große, spiegelglatte und silbrig glänzende Fläche auf.
„Was ist das?“, wollte das kleine Pony wissen.
„Wir fliegen jetzt über das Meer und dann kommen wir gleich zum Haus vom kleinen Kai“, erzählte der Weihnachtsmann. „Sein Papa ist Leuchtturmwärter und kümmert sich darum, dass die vielen Schiffe sicher übers Meer fahren können.“
Während er sprach, kam schon die Küste in Sicht. Auf der Klippe stand ein Leuchtturm und direkt daneben ein kleines gelbes Häuschen.

„Der kleine Kai nascht am liebsten und das sehen seine Eltern natürlich gar nicht gerne“, fuhr der Weihnachtsmann fort. „Aber an Weihnachten drücken sie mal ein Auge zu ...“
Schon hielt der Schlitten und der Weihnachtsmann zog ein kleines rotes Fahrrad mit Stützrädern an der Seite und einen großen Beutel mit Plätzchen, Schokoladenweihnachtsmännern, Schokoladentannenbäumen, bunten Bonbons und Lutschern aus dem Sack.
„Ich mag Kinder, die gerne naschen“, schmunzelte er, „denn wem sollte ich sonst meine Süßigkeiten bringen? Am Ende müsste ich sie noch alle selber aufessen.“
Er klopfte sich lachend auf seinen dicken Bauch und verschwand erneut unter dem Schlitten.

Langsam leerten sich die Säcke und der Schlitten wurde immer leichter. Als auch das letzte Geschenk seinen Platz unter einem Tannenbaum gefunden hatte, mahnte der Weihnachtsmann seine Tiere wieder zur Eile. Schließlich sollte das kleine Pony recht bald unbemerkt zurück in seinen Stall und das Rentier sollte seinen Platz im Schlittengespann wieder einnehmen. Da der Schlitten von der Last der vielen Geschenke befreit viel leichter geworden war, dauerte es zum Glück gar nicht mehr lange, bis in der Ferne wieder das Bauernhaus und der Stall auftauchten, in dem das kleine Pony zu Hause war.

Der Schlitten wurde langsamer und langsamer, glitt schließlich über das Dach des Bauernhofs hinweg und in einer weit gezogenen Kurve sanft hinab, genau vor die Stalltür, von wo die Schlittenfahrt in dieser geheimnisvollen Nacht ihren Anfang genommen hatte.
Der Weihnachtsmann sprang flink herab und eilte in den Stall um nach seinem kranken Rentier zu sehen. Dem hatte die Ruhe sehr gut getan, sodass es für die Heimreise mit gutem Gewissen wieder vor den Schlitten gespannt werden konnte. Das kleine Pony hingegen mochte noch nicht ganz wahrhaben, dass die Reise schon zu Ende sein sollte. Obwohl es sich auch ein bisschen darüber freute, endlich wieder festen Boden unter seinen Hufen zu spüren.
Der Weihnachtsmann spannte das Pony aus und führte es langsam zurück in den Stall. Er klopfte ihm sanft auf den Rücken und sprach: „Du warst mir wirklich eine sehr große Hilfe, kleines Pferd! Ohne dich hätte ich es nie geschafft alle Kinder dieser Welt in der heutigen Nacht zu bescheren. Nun will ich dich für deine Hilfe belohnen. Als Weihnachtsmann kenne ich deinen größten Wunsch natürlich ganz genau: Wenn du dir also tatsächlich so sehr ein weißes und feines Fell wünschst, so will ich dir diesen Wunsch augenblicklich erfüllen ...“
Der Weihnachtsmann hob beide Hände und machte ein ernstes Gesicht.
„Nein, nein!“, unterbrach ihn das kleine Pony hastig. „Ich will doch gar kein helles Fell mehr haben so wie die anderen Pferde hier im Stall!
Ich will genau so bleiben, wie ich jetzt bin!“
Der Weihnachtsmann schmunzelte zufrieden, als hätte er die Antwort des kleinen Ponys schon vorher gewusst.

Er strich ihm liebevoll über sein dunkelbraunes Fell und sagte: „Du hast eine kluge Entscheidung getroffen. Es müssen ja auch nicht alle Pferde gleich sein – jedes ist auf seine Art schön.“

Das kleine Pony war fast ein wenig betrübt, als ihm bewusst wurde, wie dumm seine Gedanken doch gewesen waren. Warum hatte es immer so sein wollen wie die großen Pferde? So zottig kam ihm sein Fell gar nicht mehr vor – glänzte und schimmerte es mit einem Mal nicht schöner, als es sich das jemals hätte wünschen können?

Nach einer kleinen Pause fuhr der Weihnachtsmann fort: „Hab nochmals vielen Dank und leb wohl! Falls ich wieder einmal deine Hilfe brauche, so darf ich doch auf dich zählen?!“
Das kleine Pony nickte heftig mit dem Kopf. Was für eine Frage! Der Weihnachtsmann lächelte ihm freundlich zu und verließ zusammen mit dem Rentier langsam den Stall. An der Tür drehte er sich noch einmal um. „Frohe Weihnachten, kleines Pony!“, rief er fröhlich – und ebenso plötzlich wie er gekommen war, verschwand er auch wieder. Das Pony konnte gerade noch sehen, wie er das Rentier anspannte, auf den Schlitten sprang und über den Tannenwipfeln im Dunkel der Nacht verschwand. Immer leiser wurde das Läuten und Klingen der Glöckchen, bis es schließlich gar nicht mehr zu hören war.

„Ob das alles nur ein Traum gewesen ist?“, überlegte das kleine Pony, als der Weihnachtsmann und sein Schlitten nicht mehr zu sehen waren. Es schüttelte zweifelnd seinen Kopf. Doch was war das? Das Pony spitzte überrascht die Ohren. War da nicht ein leises Klingeln gewesen? Das Pony schüttelte erneut den Kopf, dieses Mal etwas heftiger, und da fiel ein kleines goldenes Glöckchen aus seiner Mähne ins Stroh – ein Glöckchen von dem Zaumzeug, das ihm der Weihnachtsmann zu Beginn der Reise umgebunden hatte!
„Also habe ich doch nicht geträumt“, flüsterte das Pony. „Ich habe den Schlitten tatsächlich gezogen.“
Das kleine Pony schaute noch eine Weile verträumt aus dem Stallfenster hinaus. Es hatte wieder begonnen zu schneien und die Schneeflocken schwebten leise und sanft auf die Erde hinunter.
„Wie friedlich die Welt aussieht“, dachte das Pony und fühlte tief in seinem Innern ein Glück und eine Zufriedenheit, die es in seinem ganzen Leben noch nie zuvor empfunden hatte.

Als der Weihnachtsmorgen über dem Bauernhof anbrach und die großen Pferde aus einer ruhigen Nacht erwachten, lag das kleine dunkelbraune Pony mit dem blütenweißen Tupfer auf der Nase in seiner Box und schlief. Eingekuschelt in seine struppige Mähne aber schlummerte ein kleines graues Mäuschen und träumte von den wundersamen Ereignissen der vergangenen Nacht ...